CONDITIONS A REMPLIR

POUR ÊTRE NOMMÉ

Officier

à titre temporaire

PENDANT LA DURÉE DE LA GUERRE

RECUEIL DES DOCUMENTS OFFICIELS

3ᵉ ÉDITION, MISE A JOUR AU 1ᵉʳ FÉVRIER 1917

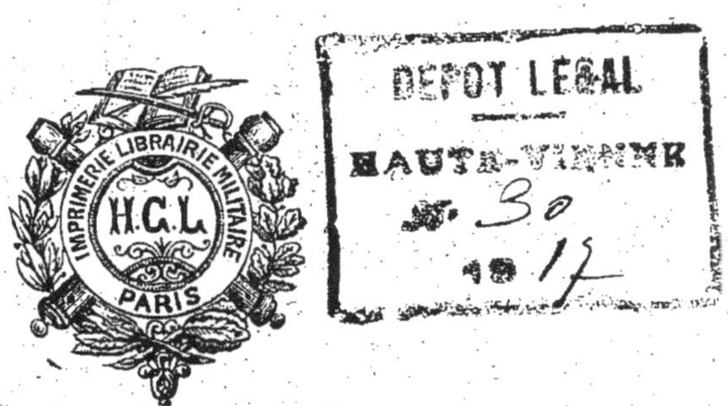

PARIS

Henri **CHARLES-LAVAUZELLE**

Éditeur militaire

124, Boulevard Saint-Germain, 124

—

MÊME MAISON A LIMOGES

CONDITIONS A REMPLIR

POUR ÊTRE NOMMÉ

Officier
à titre temporaire

PENDANT LA DURÉE DE LA GUERRE

RECUEIL DES DOCUMENTS OFFICIELS

3ᵉ ÉDITION, MISE A JOUR AU 1ᵉʳ FÉVRIER 1917

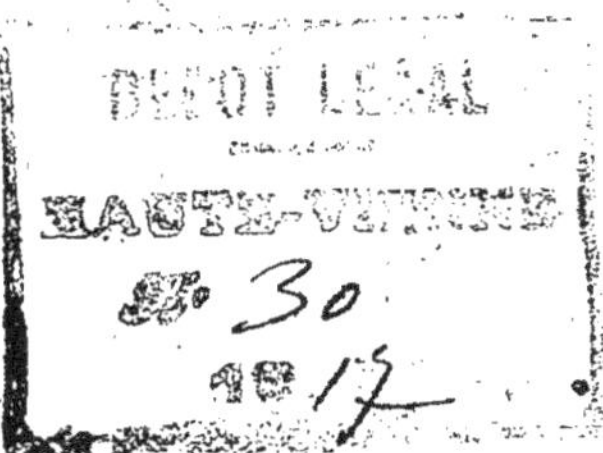

PARIS

Henri **CHARLES-LAVAUZELLE**

Éditeur militaire

124, Boulevard Saint-Germain, 124

—

MÊME MAISON A LIMOGES

CONDITIONS A REMPLIR

POUR ÊTRE NOMMÉ

Officier à titre temporaire

PENDANT LA DURÉE DE LA GUERRE

RECUEIL DES DOCUMENTS OFFICIELS

Décret relatif à la nomination à titre temporaire, pendant la durée de la guerre, au grade de sous-lieutenant ou assimilé.

(Cabinet du Ministre; Bureau du Personnel des Officiers généraux, Décorations, Affaires diverses et d'ordre général.)

Bordeaux, le 12 novembre 1914.

Le Président de la République française,

Sur le rapport du Ministre de la guerre;

Vu l'article 3 de la loi du 25 février 1875 relative à l'organisation des pouvoirs publics;

Vu la loi du 14 avril 1832 sur l'avancement dans l'armée;

Vu l'ordonnance du 16 mars 1838 portant règlement, d'après la hiérarchie militaire des grades et des fonctions, sur la progression de l'avancement et la nomination aux emplois dans l'armée;

Vu. le décret du 10 décembre 1907 relatif à l'avancement des officiers de réserve et de l'armée territoriale;

Vu le décret du 2 août 1914 relatif à la réintégration dans leur ancien grade des officiers démissionnaires;

Vu le décret du 26 août 1914 relatif à l'avancement pendant la durée de la guerre, modifié par le décret du 2 octobre suivant;

Le Conseil des Ministres entendu,

Décrète :

Art. 1er. Pendant la durée de la guerre, dans chaque arme ou service, pourront être nommés, à titre temporaire, par le Ministre de la guerre, au grade de sous-lieutenant ou assimilé de l'armée active, de la réserve ou de l'armée territoriale, les hommes de troupe et employés militaires de tous grades qui rempliront les conditions fixées par des instructions ministérielles.

Pourront être également nommés, sous les conditions à déterminer, ainsi qu'il est dit ci-dessus, mais dans la réserve ou l'armée territoriale seulement, les hommes dégagés de toute obligation militaire.

Art. 2. Pendant la durée de la guerre, les officiers d'administration des services de l'armée active, de la réserve et de l'armée territoriale peuvent être admis, par décision ministérielle, à servir dans les corps de troupe avec le grade dont ils ont l'assimilation.

Art. 3. Pendant la durée de la guerre, les officiers en retraite et les officiers de réserve des divers corps de la marine, non employés par ce département, peuvent être admis, par décision du Ministre de la guerre concertée avec le Ministre de la marine, à servir dans les corps et services de l'armée.

Art. 4. Les nominations et promotions, à titre temporaire, prévues aux articles 1 à 3 ci-dessus, sont faites, pour chaque arme ou service, dans les limites numériques correspondant aux besoins constatés par le Ministre de la guerre.

Art. 5. Les dispositions qui précèdent porteront effet à dater du 2 août 1914. En conséquence, sont confirmées les nominations et promotions, à titre temporaire, autres que celles effectuées en application du décret du 26 août 1914 susvisé, faites depuis le 2 août 1914 jusqu'à ce jour.

Art. 6. Le Ministre de la guerre est chargé de l'exécution du présent décret, qui sera publié au *Journal officiel* de la République française et inséré au *Bulletin des lois*.

Fait à Bordeaux, le 12 novembre 1914.

R. POINCARÉ.

Par le Président de la République :

Le Ministre de la guerre,

A. MILLERAND.

Décision ministérielle portant allocation d'une indemnité de première mise d'équipement à tous les sous-lieutenants de réserve et de l'armée territoriale ou assimilés de toutes armes et de tous services sans exception nommés à ce grade depuis le début de la mobilisation ou à nommer ultérieurement soit à titre définitif, soit à titre temporaire.

(Direction de l'Infanterie; Bureau des Etablissements de l'Infanterie, Personnel des Officiers des réserves.)

Bordeaux, le 19 novembre 1914.

L'indemnité de première mise d'équipement est allouée à tous les sous-lieutenants de réserve et de l'armée territoriale ou assimilés de toutes armes et de tous services, sans exception, nommés à ce grade depuis le début de la mobilisation ou à nommer ultérieurement soit à titre définitif, soit à titre temporaire.

Cette indemnité sera attribuée par les soins du service de l'intendance dans les mêmes conditions que les premières mises d'équipement allouées aux sous-lieutenants de l'armée active.

Le taux de cette indemnité est celui fixé par l'article 106 de l'instruction du 2 février 1909, c'est-à-dire 250 francs pour les officiers non montés et 300 francs pour les officiers montés.

Toutefois, en ce qui concerne les sous-lieutenants de complément, provenant des sous-officiers de l'armée active, ceux d'entre eux qui, ayant été nommés adjudants, auront perçu, à ce titre, l'indemnité de première mise d'équipement prévue par le tarif 22 annexé au décret du 11 janvier 1913, ne recevront que la différence entre l'indemnité par eux perçue, comme adjudants, et celle visée dans la présente décision.

Décret relatif aux nominations, à titre temporaire, dans le corps des interprètes militaires de complément.

(Etat-Major de l'Armée; Section du Personnel du Service d'état-major.)

Bordeaux, le 3 décembre 1914.

Le Président de la République française,

Sur le rapport du Ministre de la guerre;

Vu l'article 3 de la loi du 25 février 1875 relative à l'organisation des pouvoirs publics;

Vu la loi du 14 avril 1832 sur l'avancement dans l'armée;

Vu l'ordonnance du 16 mars 1838 portant règlement, d'après la hiérarchie militaire des grades et des fonctions, sur la progression de l'avancement et la nomination aux emplois dans l'armée;

Vu le décret du 21 mai 1910 portant réorganisation du corps des interprètes militaires de la réserve et de l'armée territoriale;

Le Conseil des Ministres entendu,

Décrète :

Art. 1er. Pendant la durée de la guerre, pourront être nommés par le Ministre de la guerre, sans concours, au grade d'interprète stagiaire de complément, à titre temporaire, les hommes de troupe et employés militaires de tous grades de la réserve et de l'armée territoriale, et les hommes dégagés de toute obligation militaire qui rempliront les conditions fixées par des instructions ministérielles.

Art. 2. Les nominations envisagées ci-dessus seront faites dans les limites numériques correspondant aux besoins constatés par le Ministre de la guerre.

Art. 3. Les dispositions qui précèdent porteront effet à dater du 2 août 1914. En conséquence, sont confirmées les nominations à titre temporaire faites depuis cette date jusqu'à ce jour.

Art. 4. Le Ministre de la guerre est chargé de l'exécution du présent décret, qui sera publié au *Journal officiel* de la République française et inséré au *Bulletin des lois*.

Fait à Bordeaux, le 3 décembre 1914.

R. POINCARÉ.

Par le Président de la République :

Le Ministre de la guerre,

A. MILLERAND.

--------◆--------

Décret relatif à l'avancement dans l'armée pendant la durée de la guerre.

(Cabinet du Ministre; Bureau du Personnel des Officiers généraux, Décorations, Affaires diverses et d'ordre général.)

Bordeaux, le 31 décembre 1914.

RAPPORT AU PRÉSIDENT DE LA RÉPUBLIQUE FRANÇAISE.

Monsieur le Président,

Le décret du 26 août 1914, relatif à l'avancement dans l'armée pendant la durée de la guerre, dispose que, sous réserve de la ratification ministérielle, les officiers promus à titre temporaire ont droit, pendant toute la durée de la campagne, aux rang, prérogatives et avantages pécuniaires résultant du grade ou emploi qui leur est conféré.

Or, il peut arriver que les conditions toutes particulières dans lesquelles sont prononcées les nominations à titre temporaire amènent à promouvoir au grade supérieur un officier qui se montre ultérieurement incapable d'assurer les obligations de ce grade; ces nominations sont, en effet, destinées à combler sans délai les vacances qui viennent à se produire; elles sont faites, le plus souvent, sur place, dans le corps même où s'est ouverte la vacance; le choix ne peut donc s'exercer que sur un nombre très restreint de candidats.

Pour éviter que les officiers promus à tort ne conservent jusqu'à la fin des hostilités, au détriment de l'intérêt général, le grade provisoire qui leur a été conféré, j'ai pensé qu'il y avait lieu de prévoir des dispositions permettant de les replacer dans leur ancien grade avant la fin de la campagne et sans attendre la revision générale à laquelle seront ultérieurement soumises toutes les nominations temporaires.

L'application de ces dispositions serait subordonnée, d'ailleurs, aux mêmes garanties que celles édictées par le décret du 9 septembre 1914 suspendant le fonctionnement des conseils d'enquête pendant la durée de la guerre.

D'autre part, il m'a semblé utile de préciser, conformément à la nature des choses, qu'à défaut de lettre de service spéciale, les officiers promus ou nommés à titre temporaire passent toujours, au point de vue du droit au commandement, après les officiers nommés ou promus à titre définitif, quelle que soit leur ancienneté respective, sous réserve toutefois des prescriptions contenues dans les articles 43 et 57 de la loi du 13 mars 1875.

Enfin, il m'a paru qu'il y avait avantage, au point de vue de la clarté, à fondre dans un texte unique le décret du 26 août 1914, les décrets des 2 octobre et 16 novembre 1914 qui l'ont successivement modifié et les dispositions nouvelles dont j'ai justifié ci-dessus la nécessité.

J'ai fait préparer en ce sens le projet de décret ci-joint qui a été délibéré et adopté par le Conseil d'Etat; j'ai l'honneur de vous prier de vouloir bien le revêtir de votre signature si vous en approuvez la teneur.

Veuillez agréer, Monsieur le Président, l'hommage de mon respectueux dévouement.

Le Ministre de la guerre,

A. MILLERAND.

DÉCRET.

Le Président de la République française,

Sur le rapport du Ministre de la guerre;

Vu la loi du 14 avril 1832 sur l'avancement dans l'armée;

Vu les articles 106 et 107 de l'ordonnance du 16 mars 1838 portant règlement, d'après la hiérarchie militaire des grades et des fonctions, sur la progression de l'avancement et la nomination aux emplois dans l'armée, en exécution de la loi du 14 avril 1832;

Vu les articles 45 et 78 de la loi du 13 mars 1875 et le décret du 31 août 1878;

Le Conseil d'Etat entendu,

Décrète :

Art. 1er. Les dispositions du décret du 26 août 1914 relatif à l'avancement pendant la durée de la guerre, modifié par les décrets du 2 octobre 1914 et du 16 novembre 1914, sont remplacées par les dispositions suivantes :

« Art. 1er. Pendant la durée de la campagne, les officiers de tous grades peuvent être nommés au grade supérieur à titre temporaire, quelle que soit leur ancienneté de grade; les sous-officiers peuvent être nommés officiers dans les mêmes conditions.

« Art. 2. Toutes les nominations à titre temporaire sont faites par décisions du général en chef soumises à la ratification du Ministre de la guerre. Elles n'ont d'effet qu'autant que cette ratification intervient. Le général commandant en chef peut seulement, en attendant cette ratification, faire les désignations nécessaires pour pourvoir par intérim aux emplois vacants.

« Art. 3. Les officiers ainsi nommés par décision du commandant en chef ratifiée par le Ministre de la guerre ont droit, tant qu'ils restent investis du grade auquel ils ont été nommés à titre temporaire, aux rang, prérogatives et avantages pécuniaires résultant du grade ou de l'emploi qui leur est conféré; le bénéfice leur en est acquis à partir de la date de la décision du général commandant en chef qui les a nommés provisoirement et leur ancienneté dans le grade est réglée par la date de cette décision; ils ont, dans ce grade, les mêmes droits à l'avancement que les officiers promus dans les conditions normales.

« Art. 4. Ils peuvent recevoir, dans leur nouveau grade ou emploi, une lettre de service leur conférant, quelle que soit leur ancienneté, autorité sur les officiers du même grade. A défaut d'une semblable lettre de service, et sous réserve de l'application des articles 43 et 57 de la loi du 13 mars 1875 pour les officiers de l'armée active, les officiers nommés ou promus à titre temporaire passent toujours, au point de vue du commandement, après les officiers du même grade nommés ou promus à titre définitif.

« Art. 5. Pendant la durée de la campagne, le Ministre de la guerre peut, par des décisions individuelles spéciales, faire cesser l'effet des nominations à titre temporaire, lorsque cette mesure lui paraîtra nécessaire dans l'intérêt du service. Ces décisions sont prises après avis des autorités ci-après désignées :

Pour les officiers généraux, le général commandant en chef dans la zone des armées, et, en dehors de cette zone, un officier général désigné par le Ministre de la guerre et appartenant ou ayant appartenu au conseil supérieur de la guerre;

Pour les officiers autres que les officiers généraux, s'ils sont aux armées, le général commandant en chef, ou, par délégation, soit le général commandant le corps d'armée, soit, s'il s'agit de troupes ne faisant pas partie d'un corps d'armée, le général de qui elles relèvent; dans les autres cas, le général commandant la région.

Autant que possible, ces avis sont communiqués aux intéressés et ceux-ci appelés à présenter les observations qu'ils croiraient avoir à formuler.

« Art. 6. A l'expiration de la campagne, les officiers nommés ou promus à titre temporaire seront obligatoirement soumis à une revision des grades dans des conditions à déterminer.

« Art. 7. Les dispositions qui précèdent, ne visant que des cas exceptionnels, n'empêchent pas le jeu normal de l'avancement, tel qu'il est prévu pour le temps de guerre par l'ordonnance du 16 mars 1838. »

Art. 2. Le Ministre de la guerre est chargé de l'exécution du présent décret, qui sera publié au *Journal officiel* de la République française et inséré au *Bulletin des lois.*

Fait à Paris, le 2 janvier 1915.

R. POINCARÉ.

Par le Président de la République :

Le Ministre de la guerre,
A. MILLERAND.

*Circulaire relative à l'inscription des sous-lieutenants et assimilés
à titre temporaire sur les contrôles des corps et services.*

(Cabinet du Ministre; Bureau du Personnel des Officiers généraux, Décorations, Affaires diverses et d'ordre général.)

Paris, le 12 mai 1915.

La question a été posée de savoir si les sous-lieutenants et
officiers d'administration de 3ᵉ classe à titre temporaire doivent
être rayés des contrôles du corps ou service dans lequel ils comp-
taient avant leur nomination, et inscrits sur les contrôles de leur
nouveau corps ou service d'affectation.

Cette question doit être résolue par l'affirmative.

Les officiers dont il s'agit doivent être inscrits sur les contrôles
des *officiers* de leur nouveau corps ou service.

---

*Circulaire relative à la réintégration des hommes promus officiers
de réserve à titre temporaire sur la liste matricule de leur bureau de recrutement.*

(Cabinet du Ministre; Bureau du Personnel des Officiers généraux, Décorations, Affaires diverses et d'ordre général.)

Paris, le 23 juillet 1915.

La question a été posée de savoir s'il y a lieu d'appliquer aux
hommes promus officiers de réserve *à titre temporaire*, pour la
durée de la guerre, les dispositions prévues par l'article 25, 3ᵉ
alinéa, de l'Instruction du 20 juin 1910 (*B. O.*, É. M., vol. 71,
p. 18), à l'égard des hommes promus officiers de réserve *à titre
définitif*, en ce qui concerne la réintégration à la subdivision
d'origine.

Cette question comporte une réponse affirmative.

Décret relatif à l'avancement dans les colonnes expéditionnaires françaises du Cameroun pendant la durée de la guerre (à titre temporaire).

(Direction des Troupes coloniales; Bureau technique.)

Paris, le 22 août 1915.

RAPPORT AU PRÉSIDENT DE LA RÉPUBLIQUE FRANÇAISE.

Monsieur le Président,

En raison des conditions d'encadrement dans lesquelles se trouvent placées les colonnes expéditionnaires opérant au Cameroun, et de leur éloignement de la métropole, il est le plus souvent nécessaire de faire appel aux forces militaires relativement rapprochées du Cameroun, c'est-à-dire à celles de l'Afrique occidentale française et de l'Afrique équatoriale française pour combler, en temps voulu, les vides créés par le feu et la maladie dans nos corps d'opération.

Mais les cadres constitutifs des troupes de ces deux colonies n'offrent pas toujours toutes les ressources nécessaires au remplacement immédiat, grade pour grade, du personnel qui manque au Cameroun.

De plus, dans les colonies envisagées, les nécessités militaires ne permettent pas dans tous les cas d'enlever sans inconvénients de leurs postes les officiers d'un grade donné, nécessaires à nos détachements expéditionnaires.

Afin de permettre, sans inconvénients pour l'organisation militaire coloniale, de satisfaire sans retard aux besoins immédiats de l'encadrement des corps et services du Cameroun, il semble donc opportun d'appliquer aux colonnes qui y opèrent, ainsi qu'aux groupes de l'Afrique occidentale française et de l'Afrique équatoriale française, le régime des nominations à titre temporaire, déjà adopté pour les armées du Nord-Est et pour le corps expéditionnaire d'Orient.

Toutefois, le rang occupé dans la hiérarchie par les commandants de nos colonnes et les commandants supérieurs des groupes envisagés ne permet pas de leur attribuer des pouvoirs que l'article 106 de l'ordonnance du 16 mars 1838 ne concède qu'aux commandants en chef des armées. Les nominations temporaires effectuées en vue de combler les vacances existant dans les forces du Cameroun, nominations qui seraient au surplus limitées au grade de chef de bataillon ou assimilé, devraient donc être prononcées par le Ministre de la guerre, sur proposition des chefs responsables, adressées par les voies les plus rapides.

C'est dans cette vue qu'a été préparé le décret que j'ai l'honneur de présenter à votre haute approbation. Si vous en approuvez les dispositions, j'ai l'honneur de vous prier de bien vouloir revêtir ce décret de votre signature.

Veuillez agréer, Monsieur le Président, l'hommage de mon respectueux dévouement.

Le Ministre de la guerre,

A. MILLERAND.

Décret.

Le Président de la République française,

Sur le rapport du Ministre de la guerre;

Vu la loi du 14 avril 1832, sur l'avancement dans l'armée;

Vu les articles 106 et 107 de l'ordonnance du 16 mars 1838, portant règlement, d'après la hiérarchie militaire des grades et des fonctions sur la progression de l'avancement et la nomination aux emplois dans l'armée, en exécution de la loi du 14 avril 1832;

Vu les articles 45 et 58 de la loi du 13 mars 1875 et le décret du 31 août 1878;

Vu le décret du 2 janvier 1915, relatif à l'avancement dans l'armée, pendant la durée de la guerre;

Vu le décret du 3 mai 1915, portant application au corps expéditionnaire d'Orient des dispositions du décret du 2 janvier 1915, relatif à l'avancement pendant la durée de la guerre,

Décrète :

Art. 1er. Pendant la durée de la guerre, lorsque dans les colonnes expéditionnaires françaises, opérant au Cameroun, des vacances dans les cadres se produisent par suite de promotion, décès, disparition ou rapatriement, les officiers (d'un grade inférieur ou égal à celui de capitaine ou assimilé) appartenant à ces colonnes expéditionnaires ou servant en Afrique occidentale française et en Afrique équatoriale française peuvent être promus au grade supérieur à titre temporaire, quelle que soit leur ancienneté de grade, pour remplir ces emplois; les sous-officiers peuvent être nommés officiers dans les mêmes conditions.

Art. 2. Les nominations, à titre temporaire, visées à l'article précédent, sont prononcées par le Ministre de la guerre, sur proposition :

1° Du commandant du corps expéditionnaire du Cameroun pour le personnel de ce corps expéditionnaire. Ces propositions sont intégralement transmises au Ministre de la guerre, par l'intermédiaire du commandant supérieur des troupes de l'Afrique occidentale française, qui les complète, s'il y a lieu, par l'indication des militaires de son groupe dont il proposerait la nomination pour contribuer à remplir les emplois vacants;

2° Du commandant supérieur des troupes de l'Afrique équatoriale française pour le personnel de ce groupe qui appartient aux colonnes opérant au Cameroun, ainsi que pour celui servant dans l'intérieur du groupe dont il demanderait la promotion pour contribuer à occuper les places vacantes.

Les propositions sont présentées et les nominations notifiées par les voies les plus rapides.

Art. 3. Les officiers ainsi nommés par le Ministre de la guerre, ont droit, tant qu'ils restent investis du grade auquel ils ont été nommés à titre temporaire, aux rang, prérogatives et avantages pécuniaires résultant du grade ou de l'emploi qui leur est conféré; le bénéfice leur en est acquis à partir de la date de la décision du Ministre qui les a nommés et leur ancienneté dans le grade est réglée par la date de cette décision; ils ont, dans ce grade, les mêmes droits à l'avancement que les officiers promus dans les conditions normales.

Sont annulées de plein droit les nominations prononcées au titre des emplois vacants dans les diverses colonnes du Cameroun en faveur des militaires servant dans l'intérieur de l'Afrique occidentale française et de l'Afrique équatoriale française, lorsque les nouveaux promus n'ont pas rejoint ces colonnes dans le délai fixé par le commandant supérieur des troupes.

Art. 4. Les officiers promus à titre temporaire peuvent recevoir, dans leur nouveau grade ou emploi, une lettre de service du Ministre de la guerre leur conférant, quelle que soit leur ancienneté, autorité sur les officiers du même grade. A défaut d'une semblable lettre, et sous réserve de l'application des articles 43 et 57 de la loi du 13 mars 1875 pour les officiers de l'armée active, les officiers nommés ou promus passent toujours, au point de vue du commandement, après les officiers du même grade nommés ou promus à titre définitif.

Art. 5. Pendant la durée de la campagne, le Ministre de la guerre peut, par des décisions individuelles spéciales, suspendre l'effet des nominations à titre temporaire, lorsque cette mesure lui paraîtra nécessaire dans l'intérêt du service.

Ces décisions sont prises, suivant le cas, soit (pour les forces détachées d'Afrique équatoriale au Cameroun) sur la proposition du commandant supérieur des troupes de ce groupe, soit (pour la colonne expéditionnaire française du Cameroun) sur la demande du commandant de cette colonne et après avis du commandant supérieur des troupes du groupe de l'Afrique occidentale française.

Autant que possible, ces avis sont communiqués aux intéressés et ceux-ci appelés à présenter les observations qu'ils croient avoir à formuler.

Art. 6. A l'expiration de la campagne, les officiers nommés ou promus à titre temporaire seront obligatoirement soumis à une revision des grades dans des conditions à déterminer.

Art. 7. Les dispositions qui précèdent ne visant que des cas exceptionnels n'empêchent pas le jeu normal de l'avancement, tel qu'il est prévu pour le temps de guerre par l'ordonnance du 16 mars 1838.

Art. 8. Le Ministre de la guerre est chargé de l'exécution du présent décret qui sera publié au *Journal officiel* de la République française et inséré au *Bulletin des lois.*

Fait à Paris, le 2 août 1915.

R. POINCARÉ.

Par le Président de la République :

Le Ministre de la guerre,

A. MILLERAND.

◆

Notification relative à la nomination de sous-lieutenants dans l'armée active et dans la réserve.

(Etat-Major de l'Armée; Bureau de l'Organisation et de la Mobilisation de l'Armée.)

Paris, le 2 septembre 1915.

La question s'est posée de savoir quels sont, parmi les militaires promus sous-lieutenants au cours de la guerre, ceux qui doivent être nommés au titre de l'armée active et ceux qui doivent être nommés au titre de la réserve.

La circulaire du 1er octobre 1914 (*B. O.*, P. S.-P., p. 1028) n'a prescrit de surseoir au passage des classes qu'en ce qui concerne le travail matériel des bureaux de recrutement, mais ce passage doit être considéré comme effectué théoriquement à la date normale, puisqu'il résulte de la loi. Par conséquent, les militaires de la classe 1911 appartiennent à la réserve depuis le 1er octobre 1914 et ceux de la classe 1912 passeront dans la réserve le 1er octobre 1915.

Les militaires promus sous-lieutenants au cours de la guerre doivent l'être :

1° Au titre de la réserve s'ils appartiennent à une classe normalement passée dans la réserve (*actuellement : classe 1911 et classes antérieures; à partir du 1er octobre prochain : classe 1912 et classes antérieures*);

2° Au titre de l'active, s'ils appartiennent à une classe de l'armée active (*actuellement : classe 1912 et classes postérieures; à partir du 1er octobre prochain : classe 1913 et classes postérieures*).

Les militaires visés au paragraphe 1° nommés sous-lieutenants dans la réserve peuvent demander leur admission dans l'armée active après deux mois de service aux armées en cette qualité, par application du décret du 12 novembre 1914 (complété par celui du 3 décembre et par l'instruction du 23 mai 1915).

Les militaires visés au paragraphe 2° nommés sous-lieutenants dans l'armée active, à titre temporaire, ne doivent être nommés à titre définitif que sur leur demande écrite, appuyée de l'avis favorable de leurs chefs hiérarchiques.

Doivent être rangés dans cette dernière catégorie, les engagés volontaires et les rengagés qui sont arrivés au cours de la guerre à l'expiration de leur contrat et qui n'ont pu le renouveler en raison de la décision du 12 septembre 1914 (n° 9693-1/11). Il est équitable, en effet, de considérer ces militaires comme appartenant toujours à l'armée active par une prolongation tacite du contrat antérieurement souscrit. Enfin, la même règle doit s'appliquer aux engagés volontaires pour la durée de la guerre qui seraient promus officiers au cours de la campagne.

Il résultera des dispositions qui précèdent une augmentation notable du nombre des sous-lieutenants de l'active. Mais cette mesure ne paraît pas présenter d'inconvénients et ne risque pas d'engorger les cadres, puisque les promotions de sous-lieutenants en temps de guerre, qu'elles soient prononcées en vertu du décret du 2 janvier 1915 (ce sont les plus nombreuses) ou en vertu du décret du 12 novembre 1914, sont toujours faites à titre temporaire. Les sous-lieutenants de l'armée active à titre temporaire qui ne seraient pas jugés susceptibles d'être nommés ultérieurement à titre définitif ou qui ne le demanderaient pas seront remis sous-officiers à la fin des hostilités par la commission de revision des grades.

Les règles posées ci-dessus ne souffrent pas, à l'avenir, de difficultés d'application. La seule question délicate est celle des sous-lieutenants nommés antérieurement, et qui l'auraient été contrairement à ces règles.

Les sous-lieutenants nommés à tort dans la réserve (par exemple les élèves officiers de réserve des classes 1912 et 1913, qui auraient été nommés au titre de la réserve parce que, en temps de paix, ils étaient normalement destinés à devenir sous-lieutenants de réserve) devront être remis d'office dans les cadres de l'armée active, à compter du jour de leur nomination, s'ils sont sous-lieutenants à titre temporaire; si, au contraire, ils ont été nommés à titre définitif, ils ne seront remis dans l'armée active que sur leur demande, appuyée de l'avis favorable de leurs chefs hiérarchiques; dans ce dernier cas, ils prendront rang dans l'armée active du 2 septembre 1915 ou du jour de leur nomination à titre définitif dans la réserve s'ils ont été promus postérieurement à cette date.

Les sous-lieutenants nommés à tort dans l'active (par exemple les militaires de la classe 1911 nommés sous-lieutenants après le 1er octobre 1914) seront remis, à compter du jour de leur nomination, dans les cadres des officiers de complément; mais tous ceux qui désireront bénéficier de la situation acquise et dont la demande sera appuyée par leurs chefs hiérarchiques pourront, après avoir été nommés à titre définitif dans la réserve, être admis dans l'armée active par application du décret du 12 novembre, aux plus prochaines promotions. Les admissions dans l'armée active ainsi prononcées pour régulariser des situations antérieures seront en surnombre des proportions fixées par l'instruction du 23 mai 1915 (modifiée le 3 août 1915); en outre, la durée de deux mois de présence aux armées, exigée par le dé-

cret du 12 novembre, sera considérée comme réalisée, même si elle a été effectuée comme sous-lieutenant à titre temporaire.

Il est bien entendu que les sous-lieutenants à titre temporaire appartenant à la classe 1912, régulièrement nommés au titre de l'armée active, passeront dans la réserve avec leur classe s'ils n'ont pas été nommés à titre définitif avant le 1er octobre 1915.

◆

Circulaire relative à la destination à donner aux pièces d'archives des sous-officiers promus officiers à titre temporaire.

(Cabinet du Ministre; Bureau du Personnel des Officiers généraux, Décorations, Affaires diverses et d'ordre général.)

Paris, le 24 septembre 1915.

La question s'est posée de savoir quelle est la destination à donner aux pièces d'archives des sous-officiers promus sous-lieutenants ou assimilés à titre temporaire.

Le Ministre décide que, pour éviter tout risque de perte, ces pièces seront détenues par le corps ou service d'origine.

Un état des services de l'officier ou assimilé sera adressé, à titre de renseignement, au corps ou service d'affectation.

En cas de décès, le corps ou service d'affectation demandera au corps ou service d'origine le dossier de l'intéressé.

◆

Instruction pour l'application du décret du 12 novembre 1914 relatif à la nomination à titre temporaire, pendant la durée de la guerre, au grade de sous-lieutenant ou assimilé (1).

(Etat-Major de l'Armée; Bureau de l'Organisation et de la Mobilisation de l'Armée.)

Paris, le 28 octobre 1915.

DISPOSITIONS GÉNÉRALES.

Art. 1er. Le décret du 12 novembre 1914 n'apporte aucune modification aux dispositions relatives aux nominations de sous-

---

(1) Mise à jour par l'incorporation dans le texte des modifications qui y ont été apportées par les additions des 5, 23 et 25 décembre 1915 (*B. O.*, p. s.-p., p. 589, 694 et 698), 9 et 31 janvier, 8 février, 26 mars, 15 mai, 22 octobre et 10 novembre 1916 (*B. O.*, p. s.-p., p. 59, 87, 119, 285, 390, 858 et 860, 18 janvier 1917, *B. O.*, p. 118).

lieutenants à titre temporaire aux armées, nominations prononcées par le général commandant en chef, sous réserve de la ratification du Ministre. Ces nominations sont faites par application du décret du 2 janvier 1915.

Art. 2. Les nominations à titre temporaire prévues par l'article 1er du décret du 12 novembre 1914 sont prononcées par le Ministre; elles ne sont faites, en principe, que pour la durée de la guerre (1).

Ne pourront être proposés, quel que soit l'arme ou le service, que les hommes de troupe ou hommes dégagés de toute obligation militaire qui présenteront toutes les qualités à exiger d'un officier sous le rapport de l'honorabilité et de l'esprit de discipline. En conséquence, ne pourront en aucun cas être proposés :

Les hommes ayant antérieurement subi une condamnation à une peine afflictive ou infamante;

Les hommes ayant antérieurement subi une condamnation à une peine correctionnelle d'emprisonnement, si la nature du délit et la gravité de la peine paraissent de nature à faire écarter rigoureusement la proposition;

Les anciens officiers ministériels destitués par jugement ou révoqués par mesure disciplinaire;

Les anciens commerçants faillis;

Les anciens fonctionnaires ou agents civils révoqués par mesure disciplinaire;

Les anciens officiers de l'armée active ou de complément destitués par jugement ou réformés par mesure disciplinaire;

Les anciens sous-officiers, caporaux ou brigadiers de l'armée active ou des réserves rétrogradés ou cassés;

Les anciens sous-officiers commissionnés, révoqués ou mis à la retraite d'office par mesure disciplinaire.

Tous les candidats au grade de sous-lieutenant ou assimilé à titre temporaire devront posséder une instruction générale suffisante. Cette instruction générale sera constatée, le cas échéant, soit par la production des diplômes, certificats, titres universitai-

---

(1) La formation et le recrutement des pelotons d'élèves aspirants font l'objet de dispositions spéciales. Les élèves aspirants ne deviennent pas, en principe, sous-lieutenants avant leur départ au front, et le décret du 12 novembre 1914 ne leur est pas applicable. Ils peuvent être nommés, dans la zone de l'intérieur, aspirants à titre temporaire, par application du décret du 3 décembre 1914; leur nomination au grade de sous-lieutenant à titre temporaire a lieu, le cas échéant, aux armées, par application du décret du 2 janvier 1915.

res, soit par une épreuve écrite comprenant uniformément une composition française qui portera sur les connaissances générales, une composition d'histoire et de géographie, une composition d'arithmétique. Les sujets des compositions seront donnés par le Ministre; deux heures seront accordées aux candidats pour chacune d'elles. Pour certaines armes, l'examen d'instruction générale sera complété par des épreuves spéciales ainsi qu'il est dit dans les articles suivants.

Art. 3. Les officiers ou assimilés, nommés à titre temporaire par application du décret du 12 novembre, prendront rang du jour de la décision ministérielle qui les a nommés. Toutefois, les officiers d'administration, visés à l'article 2 du décret, continueront à jouir de la solde correspondant à leur ancienneté dans le grade d'officier d'administration; en outre, comme ils ont, à titre définitif, l'assimilation du grade qui leur est conféré pour la durée de la guerre, leur droit au commandement s'exercera sur tous les officiers nommés à ce grade, à titre définitif ou temporaire, postérieurement à la décision les concernant, sous réserve des dispositions prévues aux articles 43 et 57 de la loi du 13 mars 1875.

Ceux qui seraient ultérieurement envoyés aux armées pourront recevoir de l'avancement, à titre temporaire, dans les conditions prévues par le décret du 2 janvier 1915.

Les nominations d'officiers ou assimilés, faites par application de l'article 1er du décret du 12 novembre, seront, à l'issue de la guerre, obligatoirement soumises à revision, ainsi qu'il est prévu pour celles effectuées en vertu du décret du 2 janvier 1915, à moins qu'elles n'aient été faites que pour la durée de la guerre, ainsi qu'il est dit au paragraphe 1er de l'article 2 de la présente instruction : en ce cas, elles cesseraient d'avoir effet par le seul fait de la cessation des hostilités.

Le retrait de ces nominations, au cours des hostilités, peut être prononcé par le Ministre dans les mêmes conditions et sous les mêmes formes que celles fixées par l'article 5 du décret du 2 janvier 1915 pour les nominations temporaires, effectuées aux armées par le général commandant en chef.

INFANTERIE.

Art. 4. Les éléments auxquels l'infanterie peut faire appel dans la zone de l'intérieur se répartissent en trois catégories principales : les sous-officiers pourvus du certificat d'aptitude à l'emploi de chef de section; les militaires de tous grades présentant des titres exceptionnels, ainsi qu'il est dit à l'article 6 ci-après; les officiers provenant d'autres armes ou de la marine.

Art. 5. A des dates qui seront réglées suivant les besoins, les commandants de région, sur l'invitation du Ministre, adresseront des propositions pour sous-lieutenant de réserve ou de l'armée territoriale en faveur de sous-officiers de la réserve ou de la territoriale pourvus du certificat d'aptitude à l'emploi de chef de section.

Chaque fois qu'une demande de propositions de cette nature sera adressée aux commandants de région, le Ministre (Direction de l'Infanterie) fixera les conditions d'ancienneté et les limites d'âge dans lesquelles devront être choisis les sous-officiers proposés, et, éventuellement, le nombre des propositions à formuler.

Art. 6. A toute époque de l'année, les commandants de région pourront établir et transmettre au Ministre des propositions pour le grade de sous-lieutenant de réserve ou de territoriale à titre temporaire en faveur d'hommes de troupe des réserves de tous grades, présentant des titres tout à fait exceptionnels, et en mesure de rendre des services importants, soit aux armées, soit à l'intérieur.

Chacune de ces propositions exceptionnelles sera accompagnée d'un rapport très détaillé, exposant les titres du candidat, sa valeur intellectuelle et morale, l'emploi qui peut lui être confié.

Le Ministre statuera sur chaque proposition qui lui sera soumise.

Art. 7. La circulaire n° 790 C/I du 7 novembre 1914 a déterminé les conditions dans lesquelles les capitaines au long cours (enseignes de vaisseau au titre auxiliaire) pouvaient être admis à titre temporaire comme lieutenants dans l'infanterie.

Avant de rejoindre leur corps sur le front, ces officiers sont astreints à accomplir un stage de quatre semaines dans un centre d'instruction.

La même règle s'appliquera à tous les officiers de marine de réserve mis à la disposition de la guerre pour servir dans les corps d'infanterie. Ils ne seront admis que sur décision du Ministre, après examen de la situation de chacun d'eux.

Les commandants de région transmettront également au Ministre, au fur et à mesure de leur établissement, les demandes faites par les officiers d'administration de l'armée active ou de complément en vue de passer dans l'infanterie pour la durée de la guerre. Ces demandes, revêtues des avis des chefs de service intéressés, seront adressées à la Direction dont relève le candidat, et transmises, le cas échéant, par les soins de cette Direction, à la Direction de l'infanterie.

CAVALERIE.

Art. 8. A raison des ressources en cadres de l'arme de la cavalerie, aucune nomination de sous-lieutenant à titre temporaire ne sera faite, en principe, par application du décret du 12 novembre.

Si la situation venait à se modifier, et si le besoin s'en faisait sentir, les propositions nécessaires seraient demandées aux commandants de région.

SERVICE VÉTÉRINAIRE.

Art. 8 *bis*. Peuvent être nommés vétérinaires aides-majors de 2e classe, à titre temporaire, pour la durée de la guerre, sur leur demande et dans la mesure des vacances, s'ils sont aptes au service armé et aptes à faire campagne, les vétérinaires auxiliaires en service dans la zone de l'intérieur, titulaires du diplôme délivré par l'une des écoles nationales vétérinaires d'Alfort, Lyon et Toulouse, appartenant à l'armée active, à la réserve de l'armée active, à l'armée territoriale ou à sa réserve, ayant servi aux armées pendant six mois au moins, ainsi que les vétérinaires diplômés dégagés de toute obligation militaire.

Les demandes devront être adressées au Ministre (2e Direction), le 15 de chaque mois, par la voie hiérarchique pour les candidats militaires, par les généraux commandant les subdivisions de région et les régions pour les candidats civils, accompagnées des pièces suivantes :

1° Etat signalétique et des services (pour les candidats militaires);

2° Extrait du casier judiciaire;

3° Certificat de visite médicale;

4° Copie légalisée du diplôme de vétérinaire, ou à défaut, une déclaration écrite certifiant sur l'honneur que le candidat a été diplômé (indiquant l'école vétérinaire et l'année de la délivrance du diplôme);

5° Rapport du chef de service et du chef de corps sur les aptitudes professionnelles du candidat, énumérant également les emplois qu'il a remplis depuis le début des hostilités (pour les candidats militaires).

GENDARMERIE.

Art. 9. Pourront être nommés, à titre temporaire et pour la durée de la guerre, au grade de sous-lieutenant dans la gendarmerie territoriale, et affectés au commandement d'un arrondissement ou d'une section, les magistrats mobilisés appartenant, comme hommes de troupe ou employés militaires de tous grades à l'armée territoriale ou à sa réserve, ainsi que les avocats se trouvant dans la même situation militaire que ci-dessus et inscrits depuis dix ans au moins au tableau de leur ordre. La préférence sera réservée aux sous-officiers; c'est seulement à leur défaut que les caporaux, brigadiers et soldats seront nommés. Les candidats seront pris, en principe, dans la zone de l'intérieur. Ils adresseront leur demande au Ministre (2ᵉ Direction) par la voie hiérarchique, demande qui devra être accompagnée des pièces suivantes :

Etat des services militaires;

Attestation délivrée par le parquet général dont dépend le candidat et établissant sa situation actuelle soit comme magistrat, soit comme avocat.

Ils seront convoqués ensuite devant le chef de légion de la résidence la plus voisine qui les examinera et formulera dans un rapport sommaire son appréciation sur l'aptitude présumée de chacun d'eux à l'emploi de commandant d'arrondissement ou de section de gendarmerie.

Ceux qui auront été agréés par le Ministre seront nommés tout d'abord aspirants de gendarmerie s'ils ont le grade de sous-officier, et élèves aspirants s'ils sont seulement caporaux, brigadiers ou simples soldats. Les uns et les autres seront dirigés sur la garde républicaine, où ils accompliront un stage qui leur permettra d'acquérir l'instruction professionnelle nécessaire et de s'initier aux fonctions de commandant d'arrondissement ou de section de gendarmerie. Ce stage sera d'un mois pour les aspirants et de deux mois pour les élèves aspirants.

A l'issue du stage, dont les résultats seront consignés dans des rapports individuels établis par le colonel de la garde républicaine, les aspirants jugés aptes seront nommés par le Ministre au grade de sous-lieutenant à titre temporaire et affectés au commandement d'un arrondissement ou d'une section de gendarmerie. Quant aux élèves aspirants, ils seront, le stage terminé, nommés d'abord aspirants et mis à la disposition d'un chef de légion, pour être promus ensuite sous-lieutenants à titre temporaire, au fur et à mesure des besoins.

ARTILLERIE.

Art. 10. Les éléments auxquels l'artillerie et le train des équipages peuvent faire appel dans la zone de l'intérieur comprennent :

a) Les sous-officiers pourvus du certificat d'aptitude à l'emploi de chef de section;

b) Les militaires de tous grades présentant des titres exceptionnels ainsi qu'il est prévu à l'article 12 ci-après;

c) Les officiers d'administration, officiers en retraite et officiers de réserve des divers corps de la marine;

d) Les anciens élèves de l'Ecole polytechnique réformés ou classés dans le service auxiliaire qui ont satisfait aux examens de sortie et ont été déclarés ultérieurement aptes au service armé;

e) En ce qui concerne les officiers d'administration du service de l'artillerie, les sous-officiers d'artillerie et du train des équipages, déclarés admissibles à la suite du concours de 1914 pour l'admission à l'Ecole d'administration de Vincennes au titre des sections A et B.

Pourront également être nommés au grade d'officier d'administration de 3e classe du service de l'artillerie, à titre temporaire au fur et à mesure des besoins, les adjudants-chefs, les adjudants et les employés militaires de l'artillerie (ouvriers d'état et gardiens de batterie) du cadre actif ayant au moins dix ans de service militaire effectif.

Art. 11. A des dates déterminées, d'après les besoins des armées et de l'intérieur, le Ministre invitera les commandants de région à adresser les propositions pour sous-lieutenant de réserve ou de territoriale portant sur la catégorie *a)* visée à l'article 10.

Art. 12. A toute époque, les commandants de région, le général inspecteur permanent des fabrications de l'artillerie et le directeur du grand parc automobile de réserve pourront établir et transmettre au Ministre des propositions pour sous-lieutenant de réserve et de territoriale à titre temporaire, en faveur des militaires de tout grade ou des hommes dégagés de toute obligation militaire *présentant des titres tout à fait exceptionnels* et en mesure de rendre des services particulièrement importants aux armées ou à l'intérieur.

Chacune de ces propositions exceptionnelles sera accompagnée d'un rapport très détaillé, exposant les titres du candidat, sa valeur intellectuelle ou morale, l'emploi spécial pour lequel il est proposé. Ces propositions viseront surtout des emplois des services techniques (pour l'artillerie : établissements constructeurs, service automobile, etc...).

Art. 13. Les demandes formulées par les officiers d'administration de l'armée active ou de complément en vue de passer à titre temporaire dans l'artillerie, revêtues des avis des chefs hiérarchiques, seront adressées, au fur et à mesure, à la Direction dont relève le candidat qui les transmettra, le cas échéant, à la Direction de l'artillerie.

Les demandes d'affectation au service des batteries ne pourront être présentées que par des officiers d'administration de 2e ou de 3e classe.

Les officiers d'administration principaux et de 1re classe pourront demander à être pourvus d'un emploi de leur grade soit dans le service des unités de ravitaillement, soit dans les dépôts des corps de troupe.

Art. 14. En ce qui concerne l'admission des officiers en retraite et des officiers de réserve des divers corps de la marine, un examen individuel de la situation de chacun d'eux sera fait pour chaque demande présentée, ainsi qu'il est procédé actuellement pour les anciens officiers de complément qui demandent à être réintégrés.

GÉNIE.

Art. 15. Les hommes de troupe de tous grades du génie, de la réserve ou de l'armée territoriale, qui feront preuve de connaissances générales suffisantes, sont autorisés à subir l'examen prévu pour l'obtention du certificat d'aptitude à l'emploi de chef de section.

Les connaissances générales dont il s'agit seront constatées soit par le diplôme de licencié ès sciences, soit par le diplôme supérieur délivré aux élèves externes de l'Ecole des ponts et chaussées, l'Ecole nationale supérieure des mines, l'Ecole du génie maritime, l'Ecole centrale, l'Ecole supérieure d'électricité, soit enfin par un examen comprenant les compositions visées au dernier paragraphe de l'article 2 de la présente instruction et une composition scientifique, dont le résultat sera traduit par une note d'instruction générale.

Parmi les hommes de troupe ainsi sélectionnés, ne seront d'ailleurs admis à l'examen militaire pour l'obtention du certificat d'aptitude à l'emploi de chef de section que ceux proposés régulièrement par leur chef de corps comme s'étant fait remarquer par leur discipline et leurs qualités militaires.

Le dossier de ces candidats sera ensuite immédiatement constitué par les chefs de corps.

Les propositions faites en leur faveur seront transmises au Ministre (Direction du Génie) et accompagnées :

1° De l'état signalétique et des services;

2° De l'énumération des titres constatant leurs connaissances générales ou de la mention du résultat de l'examen visé plus haut;

3° Du certificat d'aptitude à l'emploi de chef de section;

4° D'une feuille de notes de leurs chefs hiérarchiques.

Ces candidats pourront être nommés par le Ministre sous-lieutenants de réserve ou de territoriale, à titre temporaire, dans la limite des besoins constatés.

En outre, pourront être nommés directement sous-lieutenants de réserve ou de territoriale, à titre temporaire, les anciens élèves de l'Ecole polytechnique, réformés ou classés dans le service auxiliaire, qui ont satisfait aux concours de sortie et ont été déclarés ultérieurement aptes au service armé.

Art. 16. Les hommes dégagés de toute obligation militaire pourront être nommés sous-lieutenants du génie, à titre temporaire, dans la réserve ou la territoriale, dans les conditions suivantes :

Tout homme ayant satisfait à la loi de recrutement et pouvant faire preuve d'aptitudes spéciales, utilisables dans la campagne actuelle, ou de connaissances générales approfondies, pourra contracter devant un commandant de bureau de recrutement un engagement conditionnel spécial pour la durée de la guerre en vue d'accéder au grade de sous-lieutenant du génie.

A cet effet, les commandants de région sont autorisés à délivrer, sur la demande qui leur en aura été adressée, une autorisation de contracter ledit engagement aux anciens élèves des grandes écoles (Ecole centrale, Ecole nationale des ponts et chaussées, Ecole nationale supérieure des mines, Ecole du génie maritime), aux licenciés ès sciences, et à tous ceux que leur situation industrielle ou commerciale ou leurs fonctions civiles mettent à même de rendre des services immédiatement utilisables dans la campagne actuelle.

Ces engagés conditionnels seront affectés à un dépôt désigné de l'arme du génie (dépôt du 6e régiment ou dépôts des 5e et 8e régiments pour les spécialités chemins de fer et télégraphie).

Ils y accompliront un stage d'une durée maximum de deux mois comme hommes de troupe.

Ils seront spécialement instruits pendant ce stage en dehors de tout peloton d'instruction, par les soins du commandant de dépôt qui constituera le plus tôt possible en leur faveur un dossier de proposition à transmettre au Ministre (Direction du Génie), qui statuera sur leur nomination. Ce dossier fera ressortir l'emploi qui pourra être donné à l'intéressé. Il devra parvenir au Ministre dans le délai maximum de deux mois visé ci-dessus.

Les engagés qui seront nommés sous-lieutenants seront employés avec ce grade pendant la durée de la guerre.

Ceux qui ne pourront être nommés seront déliés immédiatement de tout engagement par la décision prise par le Ministre sur les propositions faites en leur faveur.

Le nombre des nominations faites par application du présent article sera limité strictement à celui des emplois qu'il est possible d'attribuer aux intéressés.

Art. 17. Les officiers d'administration de l'armée active, de la réserve ou de l'armée territoriale pourront être admis, sur leur demande, dans l'arme du génie, avec le grade dont ils ont l'assimilation, s'ils ont servi dans le génie en qualité de sous-officier et sur la présentation exclusive de leurs chefs de service actuels.

Les dossiers seront transmis au Ministre et feront ressortir :

a) Les capacités militaires de l'intéressé au point de vue du service dans la troupe;

b) Les emplois qui peuvent lui être donnés compte tenu de sa spécialité;

c) L'avis de ses chefs de service au point de vue de la suppression de son emploi ou de son remplacement éventuel dans cet emploi.

Les officiers d'administration de 2e et 3e classes qui n'ont pas perdu depuis trop longtemps le contact de la troupe peuvent être admis immédiatement dans les cadres. Les officiers d'administration de 1re classe et les officiers d'administration principaux dont les demandes, d'ailleurs, ne seront acceptées qu'à titre exceptionnel, seront tenus d'accomplir dans un dépôt un stage préliminaire d'un mois.

A la fin du stage susvisé, ils seront notés par le commandant du dépôt, le général commandant le groupe des dépôts, et, s'il y a lieu, par le général inspecteur des dépôts du génie.

Les officiers d'administration de 1re classe qui seront acceptés seront plus spécialement employés comme trésoriers et capitaines chargés du matériel.

Art. 18. Pourront être nommés à titre temporaire au grade d'officier d'administration de 3e classe de réserve ou de territoriale du génie :

1° Les conducteurs et sous-ingénieurs des ponts et chaussées, qu'ils aient ou non servi dans l'armée active, réunissant les conditions d'aptitude physique pour le service armé et appartenant aux classes antérieures à la classe 1903;

2° Après un stage de quinze jours accompli sur l'autorisation du Ministre dans une chefferie ou un établissement du génie, les hommes de troupes de tout grade de l'armée territoriale, ou ceux dégagés de toute obligation militaire, réunissant les conditions d'aptitude physique pour le service armé, exerçant une profession susceptible d'être utilisée dans le service du génie et dont l'aptitude professionnelle aura été reconnue.

Les demandes des conducteurs des ponts et chaussées visées à l'alinéa 1° seront instruites dans les formes définies par l'instruction relative aux officiers et assimilés de complément (génie).

Les demandes d'admission au stage visées à l'alinéa 2° provenant des candidats de la zone de l'intérieur seront adressées, par ceux présents sous les drapeaux à leur chef de corps ou de service, par les autres, au général commandant la région. Ces demandes feront ressortir, d'une manière précise, la situation militaire de l'intéressé et les professions qu'il a exercées.

Elles seront envoyées par les commandants de région aux directeurs du génie de la place chef-lieu de région qui seront chargés de constater l'instruction générale et professionnelle des candidats, soit par la production des diplômes et titres universitaires visés à l'article 15 (2e alinéa), soit par une épreuve écrite qui comportera, outre les compositions visées à l'article 2, une composition scientifique.

Par dérogation aux prescriptions de l'article 2 susvisé, et vu l'échelonnement des propositions à prévoir; les sujets des épreuves seront donnés par les directeurs du génie.

Sur avis du directeur du génie, le commandant de région fera constituer le dossier de la demande d'admission au stage, qui comprendra, outre la demande:

L'extrait de l'acte de naissance (sur papier libre);

L'extrait du casier judiciaire n° 2;

Un certificat de visite médicale;

Une feuille de notes des chefs hiérarchiques;

L'énumération des titres constatant les connaissances générales ou le résultat de l'examen visé ci-dessus;

Une déclaration écrite aux termes de laquelle le candidat fait connaître qu'il n'est pas déjà en instance de nomination dans une autre arme ou service.

Les candidats de la zone des armées qui feraient l'objet de propositions sont dispensés de tout examen préliminaire au stage; leurs dossiers seront établis dans les mêmes conditions que ci-dessus.

Tous les dossiers dont il s'agit seront envoyés au Ministre (4° Direction).

Les candidats admis au stage reçoivent du Ministre un ordre de convocation. Ils restent pendant la durée du stage dans leur situation antérieure sous le rapport de la solde et des diverses allocations et prestations.

Ils reçoivent, en fin de stage, de leur chef de service, des notes détaillées devant permettre de déterminer les affectations éventuelles à leur donner.

Les nominations à faire en vertu de l'alinéa 2 du présent article ne seront prononcées qu'au fur et à mesure de la constatation des besoins et de la possibilité de confier des emplois aux intéressés.

SERVICE DE L'INTENDANCE.

Art. 19. Pourront être nommés, à titre temporaire, au grade d'attaché de 2° classe ou d'officier d'administration de 3° classe (service des subsistances, service de l'habillement et du campement) du cadre auxiliaire, les hommes de troupe de tous grades de la réserve de l'armée territoriale appartenant au service armé, ainsi que les hommes dégagés de toute obligation militaire par leur âge ou en vertu des dispositions des lois sur le recrutement, exception faite des dispositions relatives à l'aptitude physique, qui, en raison de leurs connaissances techniques, ont été utilisés, pendant deux mois au moins, depuis le début de la guerre, dans un service ou établissement de l'intendance et dans des emplois normalement dévolus à des attachés ou à des officiers d'administration du cadre auxiliaire de l'intendance, s'ils ont fait l'objet d'une proposition dûment motivée de leur chef de service.

Art. 20. Les propositions de nominations par application des dispositions de l'article 19 doivent être accompagnées des pièces suivantes :

1° Etat signalétique et des services (pour les militaires ou anciens militaires seulement);

2° Extrait de naissance (non exigible des militaires ou anciens militaires);

3° Certificat de visite médicale constatant l'aptitude physique à l'emploi à pourvoir;

4° Extrait du casier judiciaire n° 2;

5° Procès-verbal d'enquête du commandant de gendarmerie de la résidence;

6° Certificat de l'autorité civile attestant la profession.

Art. 21. Pourront également bénéficier des dispositions de l'article 19 les militaires de la reserve de l'active, de la territoriale et de sa réserve reconnus inaptes à faire campagne dans leur arme d'origine et classés dans le service auxiliaire à la suite de blessures de guerre ou de maladies contractées au front, qui auraient conservé la vigueur physique et intellectuelle nécessaire pour pouvoir être utilisés dans l'intendance.

Ils devront produire, outre les pièces énumérées à l'article 20, un extrait du procès-verbal de la commission de réforme devant laquelle ils seront présentés; ce procès-verbal devra faire ressortir : 1° la nature exacte de la blessure ou de la maladie; 2° si l'intéressé est apte au service de l'intendance.

Art. 22. Supprimé.

Art. 23. Supprimé.

SERVICE DE SANTÉ.

Art. 24. Peuvent être promus médecins aides-majors de 2° classe, à titre temporaire, pour la durée de la guerre, dans la mesure des vacances, sur leur demande, à condition d'être reconnus aptes au service armé et aptes à faire campagne, et par ordre de préférence :

1° Les docteurs en médecine diplômés d'une Faculté de médecine française appartenant à l'armée active, la réserve de l'armée active, l'armée territoriale et sa réserve, ainsi que ceux engagés volontaires pour la durée de la guerre et ceux dégagés de toute obligation militaire.

Aucune condition de service accompli dans l'armée active n'est exigée et les nominations pourront avoir lieu, que l'intéressé soit ou non incorporé. Les docteurs en médecine incorporés seront toujours affectés à une section d'infirmiers et seront immédiatement employés comme médecins dans les formations hospitalières de la région en attendant qu'il ait été statué sur leur demande de nomination qui devra être transmise d'urgence au Ministre;

2° Les élèves de l'Ecole du service de santé militaire et de l'Ecole principale du service de santé de la marine, pourvus de 16 inscriptions de doctorat;

3° Les étudiants en médecine, nommés au concours à l'emploi d'interne titulaire des hôpitaux dans les villes de Faculté, justifiant qu'ils ont effectivement rempli cet emploi pendant une année au minimum et qu'ils sont pourvus de 16 inscriptions valables pour le doctorat; ce nombre pourra être réduit à 12 pour les internes titulaires justifiant de plus d'une année d'exercice dans cet emploi. Pour l'accomplissement de la durée minimum d'exercice, une année d'internat provisoire pourra entrer en ligne de compte en remplacement d'une année d'internat titulaire;

4° Les officiers de santé;

5° Les étudiants à 16 inscriptions ayant toute leur scolarité;

6° Les étudiants à 16 inscriptions, sans leur scolarité complète, mais ayant six mois de présence aux armées d'opération et une citation à l'ordre sans distinction.

A titre exceptionnel, un diplôme de docteur en médecine délivré par une Faculté étrangère pourra être admis dans les mêmes conditions qu'un diplôme français;

7° Les médecins auxiliaires pourvus à la mobilisation de 12 inscriptions de doctorat qui, ayant accompli, depuis, un an de service, dont six mois au front, ont obtenu une citation à l'ordre. Toutefois, la condition des six mois de séjour au front ne sera pas exigée en cas d'évacuation par suite de blessure de guerre (1).

Art. 25. Les pharmaciens de 1re classe actuellement mobilisés, appartenant au service armé et aptes à faire campagne, pourront être proposés pour le grade de pharmacien aide-major de 2ᵉ classe, mais à condition d'appartenir à l'une des catégories ci-après :

1° Pharmaciens qui, antérieurement à la mobilisation, avaient satisfait à l'examen d'aptitude au grade de pharmacien aide-major de 2ᵉ classe et non encore nommés;

2° Professeurs et professeurs agrégés dans les écoles supérieures de pharmacie, les facultés mixtes et les écoles de médecine et de pharmacie;

3° Docteurs ès sciences, pharmaciens en chef des hôpitaux nommés au concours;

4° Docteurs en pharmacie ou en médecine, chefs des travaux pratiques dans les écoles supérieures de pharmacie ou les facultés mixtes de médecine et de pharmacie;

5° Licenciés ès sciences, préparateurs titulaires des cours dans les écoles supérieures de pharmacie, les facultés de médecine et de pharmacie, anciens internes des hôpitaux nommés au concours dans les villes où existe une école supérieure de pharmacie ou une faculté mixte de médecine et de pharmacie.

A défaut de candidats réunissant ces conditions, des propositions pourront être faites en faveur de pharmaciens de 1ʳᵉ classe possédant des titres scientifiques satisfaisants.

D'autre part, les élèves de l'Ecole principale du service de santé de la marine, ligne pharmaceutique, pourvus de 12 inscriptions, mis à la disposition du service de santé, sont traités comme les élèves de la ligne médicale pourvus de 16 inscriptions.

Art. 26. Pourront être nommés au grade d'officier d'administration de 3ᵉ classe de complément du service de santé, à titre temporaire, après constatation de leur aptitude aux fonctions de ce grade par le directeur du service de santé régional :

Les hommes de troupe de tous grades du service armé de la réserve de l'armée territoriale, ainsi que les hommes dégagés d'obligations militaires.

Ces derniers devront avoir contracté un engagement comme soldat pour la durée de la guerre, être aptes au service armé et se déclarer prêts à rejoindre toute destination qui leur sera donnée, même aux armées.

En dehors des sous-officiers, ne pourront être proposés que les candidats ayant rempli pendant au moins six mois, à l'entière satisfaction de leurs chefs, les fonctions de gestionnaire dans les conditions prévues à l'article 31 de l'instruction du 21 mai 1913, sur les ressources hospitalières du territoire, ceux ayant occupé des fonctions administratives, ceux qui, comme chefs d'industrie, notaires ou anciens élèves d'écoles supérieures de commerce, présenteront une aptitude évidente aux fonctions de gestionnaire et les licenciés en droit.

Les propositions anciennes sont annulées et les nouvelles seront faites à raison de dix au maximum par région, nombre qui pourra être complété au fur et à mesure des nominations.

Elles seront transmises par le commandant de la région, accompagnées des pièces suivantes :

Demande du candidat revêtue de l'appréciation des chefs de corps ou service et du Directeur du service de santé;

État signalétique et des services;

Certificat de visite médicale;

Extrait du casier judiciaire n° 2;

Indication des diplômes, brevets, certificats de l'autorité civile justificatifs des déclarations des intéressés.

Art. 27. Dans les circonstances actuelles, il y aura lieu d'user le plus largement possible de la faculté donnée par l'article 31 de l'instruction du 21 mai 1913 sur l'utilisation des ressources du territoire, d'avoir recours, pour les hôpitaux complémentaires, aux personnels idoines, dégagés de toute obligation militaire ou appartenant au service auxiliaire ou à la réserve de l'armée territoriale.

Ces personnels devront être affectés, comme civils requis ou hommes de troupe, aux emplois de médecins (celui de médecin-chef excepté) et de comptables dans ces hôpitaux (autant que possible en sous-ordre).

SERVICE DE LA JUSTICE MILITAIRE.

Art. 28. Pourront être nommés, à titre temporaire, au grade de sous-lieutenant de l'armée territoriale, pour être affectés au service de la justice militaire, les hommes de troupe et employés militaires de tous grades appartenant à cette armée ainsi que les hommes libérés de toute obligation militaire, sous la réserve que les uns et les autres posséderont le diplôme de licencié en droit et qu'ils seront exclusivement employés dans les conseils de guerre aux armées.

Aux mêmes conditions, les officiers d'administration de l'armée territoriale de tous les services, désirant exercer les fonctions de commissaire-rapporteur, pourront être admis dans les corps de troupe avec le grade dont ils ont l'assimilation.

Pourront également être nommés à titre temporaire dans les cadres de la réserve ou de l'armée territoriale au grade d'officier d'administration de 3° classe du service de la justice militaire, les sous-officiers commis greffiers employés dans les conseils de guerre aux armées qui auront été régulièrement proposés au Ministre par leurs chefs hiérarchiques comme présentant des titres tout à fait exceptionnels. Chacune de ces propositions sera accompagnée d'un rapport très détaillé exposant les titres du candidat, sa valeur intellectuelle et morale, l'emploi qui peut lui être confié.

Les adjudants commis greffiers du cadre actif des tribunaux militaires comptant cinq ans dans leur emploi, dont une année aux armées, et qui auront été régulièrement proposés au Ministre par leurs chefs hiérarchiques, pourront être nommés au grade d'officier d'administration de 3° classe à titre temporaire.

Art. 29. Les anciens sous-officiers comptables des établissements pénitentiaires militaires, et les sous-officiers comptables attachés aux services des prisonniers de guerre depuis au moins trois mois et signalés, en raison de leurs aptitudes, par leur chef de service, pourront être nommés à titre temporaire au grade d'officier d'administration de 3° classe de l'armée territoriale du service de la justice militaire pour être affectés aux services des prisonniers de guerre ou à des pénitenciers militaires.

TROUPES COLONIALES.

Art. 30. Les sous-officiers d'infanterie coloniale et des sections annexes, appartenant à l'armée active et âgés de moins de 37 ans, peuvent, sans condition d'ancienneté de grade et de services, être proposés pour être nommés sous-lieutenants à titre temporaire dans l'armée active. Ces propositions sont faites dans la forme indiquée à l'article 14 de l'instruction du 2 mai 1914 sur l'établissement des tableaux d'avancement et de concours. Elles sont établies, jusqu'à nouvel ordre, le premier de chaque mois. Tous les candidats sans exception doivent être aptes à faire campagne et munis du certificat d'aptitude à l'emploi de chef de section.

A la suite de propositions, présentées dans les conditions que fixera le Ministre, et après avoir suivi des cours spéciaux d'instruction, à l'issue desquels ils auront satisfait aux examens de sortie, pourront également être, sans condition d'ancienneté de services, nommés aspirants, puis, s'il y a lieu, sous-lieutenants à titre temporaire dans l'armée active, les militaires de tout grade de l'infanterie coloniale, appartenant à l'armée active.

Art. 31. Pourront être proposés, sans condition d'âge et de services, pour être nommés sous-lieutenants de réserve ou de territoriale, à titre temporaire, sous réserve d'avoir obtenu le certificat d'aptitude à l'emploi de chef de section et d'être aptes à faire campagne, les militaires des différentes catégories de réserve indiqués ci-dessous :

1° Les anciens sous-officiers de l'armée active;

2° Les sous-officiers de réserve ou de territoriale;

3° Les fonctionnaires coloniaux;

4° Les hommes de troupe, gradés ou non, visés à l'article 6 de la présente instruction.

Ces propositions sont établies dans les formes prescrites à l'article précédent (1er alinéa) pour les militaires de l'active.

Art. 32. Les dispositions des deux articles précédents sont applicables aux stagiaires officiers d'administration et hommes de troupe de l'artillerie coloniale.

Art. 33. Les officiers d'administration à admettre à servir dans les corps de troupe avec le grade dont ils ont l'assimilation devront appartenir à l'armée active et être sortis de l'Ecole de Vincennes depuis moins de quatre ans.

SERVICE D'ÉTAT-MAJOR ET DU RECRUTEMENT.

Art. 34. Pourront seuls être proposés pour officiers d'administration de 3e classe de l'armée active les candidats réunissant les conditions prévues par le décret du 27 février 1914, c'est-à-dire les adjudants-chefs ou adjudants des sections de secrétaires d'état-major et du recrutement appartenant à l'armée active et ayant au moins dix ans de services militaires effectifs.

Art. 35. Les propositions pour officier d'administration de 3e classe de la réserve ou de l'armée territoriale pourront porter sur les sous-officiers de la réserve ou de l'armée territoriale appartenant aux sections de secrétaires d'état-major et du recrutement, ainsi que sur ceux des corps de troupe ou ceux dégagés de toute obligation militaire ayant accompli leur service actif dans lesdites sections.

Ces propositions seront adressées au Ministre (Etat-Major de l'Armée; Section du Personnel). Elles devront comprendre :

1° La demande de l'intéressé revêtue de l'avis de ses chefs hiérarchiques ou des autorités territoriales pour les hommes dégagés de toute obligation militaire;

2° L'état signalétique et des services;

3° Des certificats de visite et de contre-visite;

4° Un rapport de la gendarmerie pour les hommes dégagés de toute obligation militaire.

Il doit être entendu que ces propositions seront considérées comme exceptionnelles et établies seulement en faveur de candidats donnant toutes garanties au point de vue de l'honorabilité, de la moralité, de la conduite, et en mesure de rendre immédiatement des services dans un état-major ou un bureau de recrutement.

INTERPRÈTES MILITAIRES.

Art. 36. Aux termes des décrets des 12 novembre et 3 décembre 1914, peuvent être nommés à titre temporaire et pour la durée de la campagne :

a) Au grade d'officier interprète de 3ᵉ classe de l'armée active, les hommes de troupe alsaciens-lorrains réintégrés en vertu de la loi du 5 août 1914 et non assujettis à un service actif en temps de paix;

b) Au grade d'officier interprète de 3ᵉ classe ou d'interprète stagiaire de complément les hommes de troupe de *la réserve et de l'armée territoriale et les hommes dégagés de toute obligation militaire.*

Il y aura lieu de se conformer, pour l'exécution de ces dispositions, aux prescriptions suivantes :

En raison des circonstances actuelles, un concours ne pouvant être organisé dans les conditions prévues par l'instruction du 21 mai 1910, il ne sera exigé, au point de vue technique, qu'un certificat délivré par l'autorité militaire constatant que chaque candidat connaît non seulement à *fond* la langue pour laquelle il demande à être interprète, mais aussi la terminologie militaire.

Les propositions seront adressées au Ministre, sous le timbre de l'État-Major de l'Armée; Section du Personnel. Elles devront comprendre, outre le certificat dont il est question ci-dessus :

1° La demande de l'intéressé revêtue de l'avis de ses chefs hiérarchiques ou des autorités territoriales pour les hommes dégagés de toute obligation militaire;

2° L'état signalétique et des services;

3° Des certificats de visite et contre-visite;

4° La liste certifiée des diplômes universitaires dont le candidat est possesseur;

5° Un rapport de la gendarmerie pour les hommes dégagés de toute obligation militaire;

6° Un certificat constatant l'aptitude équestre.

Il est bien entendu que ces propositions doivent être considérées comme *exceptionnelles* et établies seulement en faveur de candidats donnant toutes garanties à tous points de vue. Seuls pourront être proposés les hommes appartenant au service armé ou reconnus aptes à ce service par des médecins militaires.

La revision, à la fin des hostilités, des nominations ainsi prononcées et leur retrait éventuel pendant la guerre peuvent être effectués dans les mêmes conditions et sont soumis aux mêmes formes que celles fixées pour les nominations au grade de sous-lieutenant ou assimilé par l'article 3 de ladite instruction.

AÉRONAUTIQUE.

Art. 37. Après un stage de quinze jours, accompli sur l'autorisation du Ministre dans un établissement spécial de l'aéronautique, pourront être nommés à titre temporaire, au grade d'officier d'administration de 3° classe de réserve ou de territoriale d'un des services de l'artillerie ou du génie, pour être détachés dans le service de l'aéronautique, soit comme officiers d'administration comptables, soit comme officiers d'administration contrôleurs de matériel, les militaires désignés ci-après :

1° Les sous-officiers de réserve ou de l'armée territoriale des troupes de l'aéronautique;

2° Les employés militaires de réserve ou de l'armée territoriale hors cadres ou détachés dans le service de l'aéronautique;

3° Les hommes de troupe de tous grades de l'armée territoriale des différentes armes ou services, ou ceux dégagés de toute obligation militaire, exerçant une profession susceptible d'être utilisée dans le service de l'aéronautique, et dont l'aptitude professionnelle aura été reconnue.

Les demandes d'admission au stage provenant des candidats de la zone de l'intérieur seront adressées, par ceux présents sous les drapeaux à leur chef de corps ou de service, par les autres au général commandant la région. Ces demandes feront ressortir, d'une manière précise, la situation militaire de l'intéressé et les professions qu'il a exercées.

Elles seront envoyées par les commandants de région au Ministre (12e Direction) qui désignera l'autorité chargée de constater l'instruction générale ou professionnelle des candidats, soit par la production des diplômes et titres universitaires de toute nature, soit par une épreuve écrite qui comportera, outre les compositions visées à l'article 2, une composition élémentaire de mécanique pour les candidats officiers d'administration contrôleurs de matériel.

L'autorité militaire qui aura été chargée de constater l'instruction générale ou professionnelle des candidats fera constituer le dossier d'admission au stage, qui comprendra, outre la demande :

L'extrait de l'acte de naissance (sur papier libre);

L'extrait du casier judiciaire n° 2;

Un certificat de visite médicale;

Une feuille de notes de leurs chefs hiérarchiques;

L'énumération des titres constatant les connaissances générales ou le résultat de l'examen visé ci-dessus;

Une déclaration écrite, aux termes de laquelle le candidat fera connaître qu'il n'est pas déjà en instance de nomination dans une autre arme ou service.

Les candidats de la zone des armées qui feraient l'objet de propositions sont dispensés de tout examen préliminaire ou stage; leurs dossiers seront établis dans les mêmes conditions que ci-dessus.

Tous les dossiers dont il s'agit seront envoyés au Ministre sous le timbre de la 12e Direction.

Les candidats admis au stage reçoivent du Ministre un ordre de convocation. Ils restent, pendant la durée du stage, dans leur situation antérieure, sous le rapport de la solde et des diverses allocations et prestations.

Ils reçoivent, en fin de stage, de l'officier directeur, des notes détaillées devant permettre de déterminer les affectations éventuelles à leur donner.

Les nominations à faire ne seront prononcées que si les stagiaires présentent les aptitudes nécessaires, et au fur et à mesure de la constatation des besoins et de la possibilité de confier des emplois aux intéressés.

Le Ministre décidera à quel service de l'armée (artillerie ou génie) appartiendront les officiers d'administration nommés à titre temporaire et détachés dans le service de l'aéronautique.

Les nominations à titre temporaire faites par application du présent article seront annulées de plein droit si l'officier d'administration ainsi nommé cesse, pour une cause quelconque, de pouvoir remplir un emploi dans le service de l'aéronautique. Le militaire dont la nomination aura été annulée reprend, de plein droit et sans qu'il y ait lieu à décision spéciale, la situation dans laquelle il se trouvait avant sa nomination à titre temporaire.

Art. 38. La présente instruction remplace et abroge l'instruction du 13 décembre 1914, complétée par les additions du 20 janvier 1915 (Santé), du 25 janvier 1915 (Génie), du 29 mars 1915 (Justice militaire), du 20 mai 1915 (Intendance), du 15 juin 1915 (Aéronautique), du 17 juin 1915, du 25 juin 1915 (Interprètes), du 28 juin 1915 (Artillerie), du 9 juillet 1915 (Santé), du 16 juillet 1915 (Gendarmerie) et du 19 août 1915 (Santé).

Décret fixant les pouvoirs du général commandant en chef l'armée d'Orient, en matière de nomination au grade supérieur, à titre temporaire.

(Cabinet du Ministre; Bureau du Personnel des Officiers généraux, Décorations, Affaires diverses et d'ordre général.)

Paris, le 17 novembre 1915.

Rapport au Président de la République française.

Monsieur le Président,

Les conditions d'éloignement dans lesquelles se trouve l'armée d'Orient et où elle est appelée à combattre, rendent nécessaire l'attribution au général commandant cette armée de pouvoirs analogues à ceux conférés au général commandant en chef les armées du Nord-Est, en vue de procéder à des nominations à titre temporaire, pour satisfaire aux besoins de l'encadrement des troupes et services, jusqu'au grade inclus de lieutenant-colonel ou assimilé.

En conséquence, j'ai l'honneur de vous prier de bien vouloir revêtir de votre signature, si vous en approuvez la teneur, le projet de décret ci-joint, qui réalise la mesure dont il s'agit, en rendant applicables à l'armée d'Orient, les dispositions du décret du 2 janvier 1915, relatif à l'avancement, pendant la durée de la guerre, qui ont déjà été appliquées au corps expéditionnaire d'Orient.

Veuillez agréer, Monsieur le Président, l'hommage de mon respectueux dévouement.

Le Ministre de la guerre,

GALLIÉNI.

DÉCRET.

Le Président de la République française,

Sur le rapport du Ministre de la guerre;

Vu la loi du 14 avril 1832, sur l'avancement dans l'armée;

Vu les articles 106 et 107 de l'ordonnance du 16 mars 1838, portant règlement, d'après la hiérarchie militaire des grades et des fonctions, sur la progression de l'avancement et la nomination aux emplois dans l'armée, en exécution de la loi du 14 avril 1832;

Vu les articles 45 et 58 de la loi du 13 mars 1875 et le décret du 31 août 1878;

Vu le décret du 2 janvier 1915, relatif à l'avancement dans l'armée, pendant la durée de la guerre,

Décrète :

Art 1er. Le général commandant en chef l'armée d'Orient jouira, en ce qui concerne les nominations à titre temporaire nécessaires pour pourvoir à l'encadrement des troupes et services placés sous ses ordres jusqu'au grade inclus de lieutenant-colonel ou assimilé, des pouvoirs attribués au général commandant en chef les armées du Nord-Est, par le décret du 2 janvier 1915 susvisé.

En conséquence, les dispositions de ce décret sont applicables à ces troupes et services.

Art. 2. Le Ministre de la guerre est chargé de l'exécution du présent décret qui sera publié au *Journal officiel* de la République française et inséré au *Bulletin des lois.*

Fait à Paris, le 17 novembre 1915.

R. POINCARÉ.

Par le Président de la République :

Le Ministre de la guerre,

GALLIÉNI.

Circulaire relative à la nomination avec effet rétroactif aux grades de caporal et de sous-officier, des officiers à titre temporaire provenant des élèves de l'Ecole normale supérieure et de l'Ecole forestière.

(Direction de l'Infanterie; Bureau du Personnel.)

Paris, le 17 avril 1916.

Un certain nombre d'élèves de l'Ecole normale supérieure et de l'Ecole forestière appartenant par leur classe à l'armée active ont été nommés sous-lieutenants à titre temporaire dans l'infanterie par application du décret du 12 novembre 1914 sans avoir, au préalable, obtenu ni le grade de sous-officier, ni même celui de caporal.

Ils ne remplissent donc pas les conditions légales pour être confirmés à titre définitif dans le grade de sous-lieutenant du cadre actif.

En vue de leur permettre l'accès à ce grade, il a été décidé qu'ils pourraient être nommés rétroactivement au grade de caporal et à celui de sous-officier dans les délais légaux décomptés du jour de leur incorporation.

◆

Circulaire relative à la titularisation dans la réserve de l'armée active et dans l'armée territoriale des sous-lieutenants à titre temporaire.

(Cabinet du Ministre.)

Paris, le 24 septembre 1916.

Aux termes des instructions en vigueur sur l'avancement dans les réserves (instruction du 2 février 1909 et décret du 11 octobre 1915), un an de grade de sous-officier est exigé, en temps de guerre, pour la nomination au grade de sous-lieutenant de complément.

Or, des militaires des différentes armes, non sous-officiers, ont été nommés sous-lieutenants à titre temporaire et ne peuvent, en l'état actuel des règlements, être l'objet de propositions pour l'avancement, quelle que soit leur ancienneté dans le grade à titre temporaire.

Pour obvier à l'inconvénient ci-dessus signalé, le Ministre a décidé, par analogie aux mesures édictées par la circulaire du 17 avril 1916 (*B. O.*, p. s.-p., page 351), que les sous-lieutenants à titre temporaire dans la réserve de l'armée active ou dans l'armée territoriale pourraient être nommés rétroactivement au grade de caporal ou brigadier et à celui de sous-officier dans les délais où ils ont réuni les conditions légales pour être nommés à ces deux grades.

Décret relatif à la promotion au grade de sous-lieutenant de réserve des jeunes gens visés par le 2ᵉ alinéa de l'article 1ᵉʳ de la loi du 24 avril 1916 (élèves de l'Ecole nationale supérieure des mines, de l'Ecole nationale des ponts et chaussées, de l'Ecole centrale des arts et manufactures et de l'Ecole des mines de Saint-Etienne).

(Etat-Major de l'Armée; Bureau des Opérations militaires et de l'Instruction générale de l'Armée.)

Paris, le 9 décembre 1916.

Le Président de la République française,

Sur le rapport du Ministre de la guerre,

Vu l'article 23 de la loi du 21 mars 1905;

Vu la loi du 24 avril 1916, relative à la promotion au grade de sous-lieutenant de réserve des élèves admis à l'Ecole nationale supérieure des mines, à l'Ecole des ponts et chaussées, à l'Ecole centrale des arts et manufactures et à l'Ecole des mines de Saint-Etienne;

Vu le décret du 25 août 1914, relatif à la promotion au grade de sous-lieutenant des élèves de l'Ecole supérieure des mines, de l'Ecole des ponts et chaussées, de l'Ecole centrale des arts et manufactures;

Vu le décret du 1ᵉʳ septembre 1914, relatif à la promotion au grade de sous-lieutenant des élèves de l'Ecole des mines de Saint-Etienne,

Décrète :

Art. 1ᵉʳ. Seront promus, sur la proposition de leurs chefs hiérarchiques, dans le cadre des officiers de réserve, au grade de sous-lieutenant, avec effet rétroactif, mais sans rappel de solde, à la condition qu'ils soient déjà en possession du grade de sous-lieutenant à titre temporaire à la date du 1ᵉʳ août 1916;

a) A compter du 2 août 1915 :

Les élèves de l'Ecole des ponts et chaussées et de l'Ecole nationale supérieure des mines reçus au concours de 1910;

Les élèves de l'Ecole centrale des arts et manufactures et de l'Ecole des mines de Saint-Etienne reçus au concours de 1911.

b) A compter du 1er mai 1916 :

Les élèves de l'Ecole des ponts et chaussées et de l'Ecole nationale supérieure des mines reçus au concours de 1911;

Les élèves de l'Ecole centrale des arts et manufactures et de l'Ecole des mines de Saint-Etienne reçus au concours de 1912.

c) A compter du 15 juin 1916 :

Les élèves de l'Ecole nationale supérieure des mines et de l'Ecole des ponts et chaussées reçus aux concours de 1912 et 1913;

Les élèves de l'Ecole centrale des arts et manufactures et de l'Ecole des mines de Saint-Etienne reçus au concours de 1913.

d) A compter du 1er août 1916 :

Les élèves de l'Ecole nationale supérieure des mines, de l'Ecole des ponts et chaussées, de l'Ecole centrale des arts et manufactures et de l'Ecole des mines de Saint-Etienne, reçus au concours de 1914.

Les sous-lieutenants promus à une même date seront classés dans l'ordre de leur nomination à titre temporaire.

Art. 2. Les élèves des catégories ci-dessus qui auraient été promus à titre définitif avant les dates fixées par l'article 1er conserveront le bénéfice de leur nomination.

Art. 3. Un arrêté ministériel fixera les conditions dans lesquelles les élèves reçus aux écoles précitées et non pourvus à la date du 1er août 1916 du grade de sous-lieutenant à titre temporaire pourront accéder à ce grade et ultérieurement au grade de sous-lieutenant de réserve à titre définitif.

Art. 4. Le Ministre de la guerre est chargé de l'exécution du présent décret.

Fait à Paris, le 9 décembre 1916.

R. POINCARÉ.

Par le Président de la République :
Le Ministre de la guerre,
ROQUES.

*Arrêté ministériel fixant les conditions d'accession au grade de
sous-lieutenant de réserve des élèves des écoles visées au décret du 9 décembre 1916.*

(État-Major de l'Armée; Bureau des Opérations militaires et de
l'Instruction générale de l'Armée.)

Paris, le 9 décembre 1916.

Le Ministre de la guerre,

Vu le décret du 9 décembre 1916, relatif à la nomination au
grade de sous-lieutenant de réserve des élèves admis à l'Ecole
nationale supérieure des mines, à l'Ecole des ponts et chaussées,
à l'Ecole centrale des arts et manufactures et à l'Ecole nationale des mines de Saint-Etienne au concours de 1914 et aux concours antérieurs,

Arrête :

Art. 1er. Les élèves admis à l'Ecole nationale supérieure des
mines, à l'Ecole des ponts et chaussées, à l'Ecole centrale des
arts et manufactures et à l'Ecole nationale des mines de Saint-
Etienne aux concours visés par l'article 1er du décret du 9 décembre 1916, qui étaient à la date du 1er août 1916 en possession
du grade de sous-lieutenant à titre temporaire, seront promus au
grade de sous-lieutenant de réserve à titre définitif avec effet
rétroactif mais sans rappel de solde, aux dates fixées dans ledit
décret. A cet effet, les commandants des dépôts adresseront à
l'administration centrale, sous le timbre de la direction d'arme
intéressée, l'état nominatif des élèves de ces catégories qui sont
en possession du grade de sous-lieutenant à titre temporaire ou
qui auraient été nommés sous-lieutenants à titre définitif à des
dates postérieures à celles fixées pour les candidats de leur catégorie.

Art. 2. Ceux des candidats reçus aux concours visés dans
l'article 1er du décret qui auraient été ou qui seront promus au
grade de sous-lieutenant à titre temporaire à des dates postérieures au 1er août 1916 pourront dès à présent, sur la proposition de leurs chefs hiérarchiques, être promus au grade de sous-
lieutenant de réserve à titre définitif, avec effet rétroactif à
compter du jour de leur nomination au grade de sous-lieutenant
à titre temporaire.

Art. 3. Ceux des candidats reçus aux concours visés par l'article 1er du décret qui sont en possession du grade d'aspirant pourront être, sur la proposition de leurs chefs hiérarchiques, promus sous-lieutenants de réserve à titre définitif au moment où les aspirants des catégories avec lesquelles ils marchent feront l'objet de promotions d'ensemble pour le grade de sous-lieutenant à titre temporaire.

Art. 4. Les élèves visés dans ledit décret qui n'ont suivi aucun peloton spécial, qu'ils soient ou non en possession du grade de sous-officier, pourront, à la condition qu'ils appartiennent au service armé, être admis, sans examen, sur leur demande et sur la proposition de leurs chefs hiérarchiques, à une Ecole militaire ou à un centre d'élèves aspirants, en vue d'acquérir le grade de sous-lieutenant de réserve, ou le grade d'aspirant, suivant qu'ils relèvent de la loi de recrutement du 21 mars 1905 ou de la loi du 7 août 1913, et de bénéficier ultérieurement des articles 2 et 3 du présent arrêté.

Ceux qui sont déjà en possession du grade de sous-officier pourront, bien entendu, accéder directement au grade de sous-lieutenant à titre temporaire au même titre que les autres sous-officiers dans les conditions du décret du 2 janvier 1915, relatif à l'avancement dans l'armée pendant la durée de la guerre.

Les élèves qui auraient déjà suivi sans succès les pelotons spéciaux d'élèves officiers ou d'élèves aspirants rentrent dans le droit commun en ce qui concerne les possibilités d'accéder au grade de sous-lieutenant à titre temporaire.

Les élèves visés aux 2e et 3e alinéas du présent article bénéficieront des dispositions de l'article 2 ci-dessus, à dater du jour de leur nomination au grade de sous-lieutenant à titre temporaire.

Art. 5. Les dispositions du présent arrêté ne sont pas applicables aux élèves reçus aux concours postérieurs à ceux de 1914.

ROQUES.

*Loi relative à la nomination au grade de vétérinaire aide-major
de 2ᵉ classe à titre temporaire et pour la durée de la guerre
des vétérinaires auxiliaires diplômés.*

(Direction de la Cavalerie; Bureau des Remontes.)

Paris, le 31 décembre 1916.

Le Sénat et la Chambre des députés ont adopté,
Le Président de la République promulgue la loi dont la
teneur suit :

Article unique. Les vétérinaires pourvus du diplôme délivré
par une des écoles vétérinaires d'Alfort, de Lyon et de Toulouse,
ayant servi trois mois aux armées en qualité de vétérinaires auxiliaires et classés dans le service armé, pourront être nommés au
grade de vétérinaire aide-major de 2ᵉ classe à titre temporaire et
pour la durée de la guerre.

La présente loi, délibérée et adoptée par le Sénat et par la
Chambre des députés, sera exécutée comme loi de l'Etat.

Fait à Paris, le 31 décembre 1916.

R. POINCARÉ.

Par le Président de la République :

Le Ministre de la guerre,

LYAUTEY.

TABLE CHRONOLOGIQUE

Librairie militaire CHARLES-LAVAUZELLE
PARIS, 124, Boulevard St-Germain, et LIMOGES

Lucien CORNET, sénateur.— **1914-1915 : Histoire de la guerre :**
Tome Ier (des origines au 10 novembre 1914). In-8º de 380 pages. 5 »
Tome II (du 10 novembre 1914 au 31 mars 1915). in-8º de 360 pages. 5 »

Pierre DAUZET. — **La guerre de 1914-1915 : De Liége à la Marne,** préface de M. G. Hanotaux, de l'Académie française. Brochure in-8º, avec un croquis dans le texte et une carte en couleurs (56×76) du théâtre des opérations et de la situation successive des armées.... 2 50

M. ASTRUC, ingénieur, sous-lieutenant du service automobile. — **Aide-mémoire du gradé automobiliste :**
Tome Ier (1er degré). 276 pages, 126 figures, relié toile......... 5 »
Tome II (2e degré). 335 pages, 60 figures, relié toile......... 6 50

Commandant CHARTON. — *Pour nos soldats :* **Guide du Poilu.** *Avant, Pendant, Après.* In-8º de 144 pages, broché sous couverture tricolore.. » 50

Capitaine DELATRE. — **Le Blessé de guerre.** *Petit Manuel pratique destiné aux sous-officiers, caporaux et soldats.* (14e édit.) Broché. » 75

Prince DE BULOW. — **La politique allemande.** Traduit par M. Herbette, ministre plénipotentiaire. In-18 de 324 pages.............. 3 »

Instruction allemande sur le service du pionnier dans la guerre de siège. Traduction du texte allemand faite à la Section technique du génie. In-12 de 202 pages, avec 164 gravures, cartonné. 2 »

Service du pionnier allemand de toutes armes en campagne. Traduction du texte allemand faite à la Section technique du génie. In-12 de 280 pages, avec 300 gravures, cartonné........ 3 »

Ce qu'il faut savoir de l'armée allemande. (24e édition, 1916.) In-12 de 130 pages, avec nombreuses vignettes, 12 planches en couleurs et 1 carte en couleurs hors texte, cartonné.................. 2 50

Comte DE CAIX DE SAINT-AYMOUR. — **La marche sur Paris de l'aile droite allemande.** *Ses derniers combats (26 août-4 septembre 1914).* Brochure in-8º avec 3 cartes................ 2 »

Agenda de l'armée française pour 1917 (30e année). Elégant carnet de poche de 550 p., recouvert peau, fermoir en caoutchouc. 2 50
Le même, couverture toile................................ 2 »

Charles LAFON, lieutenant de vaisseau, aviateur-aéronaute, lauréat de l'Institut. — **Les armées aériennes modernes** *(France et étranger).* Ouvrage suivi d'une étude sur l'action des flottes aériennes pendant la guerre 1914. In-8º de 268 pages, avec 8 croquis ou gravures dans le texte, broché..................................... 4 »

Capitaine JEAN-RENAUD. — **Qui Vive ?... La Tranchée !** avec préface de Jules Sageret. 148 pages......................... 2 50

Capitaine E. DE LARMINAT, directeur de la Société générale d'études et de travaux topographiques. — **Topographie pratique de reconnaissance et d'exploration,** suivie de notions élémentaires pratiques de *géodésie et d'astronomie de campagne.* (3e édition.) In-8º de 404 pages, avec 149 figures dans le texte, suivi d'un fascicule annexe contenant : 1 modèle de carnet d'itinéraire, 6 tableaux modèles de calculs, 7 abaques, 2 tables numériques, 1 planisphère céleste......... 10 »